BEI GRIN MACHT SICH IHR WISSEN BEZAHLT

Bibliografische Information der Deutschen Nationalbibliothek:

Die Deutsche Bibliothek verzeichnet diese Publikation in der Deutschen National-bibliografie; detaillierte bibliografische Daten sind im Internet über http://dnb.d-nb.de/ abrufbar.

Impressum:

Copyright © 2017 GRIN Verlag
Druck und Bindung: Books on Demand GmbH, Norderstedt Germany
ISBN: 9783668776661

Dieses Buch bei GRIN:

https://www.grin.com/document/428827

Ivan Kurtovic

Marketingkonzept am Beispiel des digitalen Produktes (APP)

GRIN Verlag

GRIN - Your knowledge has value

Der GRIN Verlag publiziert seit 1998 wissenschaftliche Arbeiten von Studenten, Hochschullehrern und anderen Akademikern als eBook und gedrucktes Buch. Die Verlagswebsite www.grin.com ist die ideale Plattform zur Veröffentlichung von Hausarbeiten, Abschlussarbeiten, wissenschaftlichen Aufsätzen, Dissertationen und Fachbüchern.

AN APP FOR BETTER WORK

Marketing-Konzept

Im Auftrag von:

Der Hochschule der Medien

Nobelstr. 7

70569 Stuttgart

Modul:

Marketingmanagement digitaler Güter

Wintersemester 2016/2017

Autoren:

Ivan Kurtovic,

Inhaltsverzeichnis

Abbildungsverzeichnis

Tabellenverzeichnis

1. Rahmenbedingungen

Das Unternehmen Star Cars ist international führend in der Technologie- und Automobilbranche mit weltweit rund 280.000 Mitarbeitern. Star Cars erwirtschaftete im Geschäftsjahr 2016 einen Umsatz von 67,2 Milliarden US Dollar. Die Aktivitäten gliedern sich in die drei Unternehmensbereiche Industrial Technology, Car Engineering sowie Semantik Technology. Das Unternehmen Star Cars ist unterteilt in rund 220 Tochter- und Regionalgesellschaften in exakt 20 Ländern. Das Fundament für zukünftiges Wachstum ist die Innovationskraft des Unternehmens. Strategische Ziele von Star Cars sind Lösungen für das vernetzte Leben. Mit innovativen und begeisternden Gütern und Dienstleistungen verbessert Star Cars weltweit die Lebensqualität der Menschen.

Im Rahmen des internen Projekts HightNet soll ein innovatives cloudbasierten Kollaborationssystems entwickelt werden, welches abstrakt formuliert eine semantische Anwendung darstellt und im Vergleich zur gegenwärtigen Softwarelösung viele Vorteile aufweist. Ein besonderes Alleinstellungsmerkmal stellt die semantische Repräsentation von Dokumenten dar. Einfach formuliert bietet dieses Kollaborationssystem zum Kontext einer Unterhaltung passende Dokumente, wie beispielsweise das Lastenheft oder weitere Projektdokumente, an. Das cloudbasierte Kollaborationssystem soll von der firmeninternen IT-Abteilung von Star Cars entwickelt und intern im Unternehmen vertrieben werden.

2. Situationsanalyse

Bei der Situationsanalyse wird der IST-Zustand des Unternehmens, konkrete interne und externe Einflussfaktoren, sowie die am Markt befindlichen Konkurrenten, durch verschiedene Analysemethoden (PESTEL, SWOT, 7S, etc.) betrachtet. Anschließend können Marketingziele abgeleitet werden.

2.1 PESTEL-Analyse

Im Rahmen einer PESTEL-Analyse soll das internationale Unternehmensumfeld von Star Cars auf spezifische Marktgegebenheiten, Entwicklungen und Einflussfaktoren, wie politische, wirtschaftliche, soziokulturelle, technologische, ökologisch-geographische und rechtliche Faktoren, analysiert werden. Obwohl Star Cars das neue, cloudbasierte Kollaborationssystem im ersten Schritt intern einsetzten und vertreiben möchte, ist eine Analyse des externen Umfelds, aus strategischer Sicht, sinnvoll.

Politische Einflussfaktoren

Star Cars ist global tätig und hat seinen Hauptsitz in Berlin. Die Ethik-Richtlinien von Star Cars schränken jedoch die wirtschaftliche Tätigkeiten in einigen Punkten ein. Star Cars unterhält ausschließlich geschäftliche Niederlassungen und Kontakte zu Ländern, welche kein totalitäres Regierungssystem haben. Nichtsdestotrotz ist die politische Lage in vielen Ländern, in denen Star Cars tätig ist, sehr volatil und instabil. Korruption, staatliche Subventionen, Bürokratie sowie unterschiedliche Datenschutzrichtlinien erschweren das Agieren auf globalen Märkten. Die meisten Gesetze, Steuern und Regulierungen von staatlicher Seite betreffen global agierende Unternehmen in der Technologie- und Automobilbranche gleichermaßen.

Wirtschaftliche Einflussfaktoren

Die Weltwirtschaft verzeichnet im Jahr 2016 eine Wachstumsrate von 3,6 %. Ein niedriger Ölpreis, Arbeitslosigkeit, Inflation und niedrige Zinsen an den Kapitalmärkten begünstigen die Situation. Die USA und Europa schneiden, im Vergleich zu Schwellenländern, besser ab. Für das Jahr 2017 sehen Analysten des Ifo-Instituts und der OECD eine ähnliche Entwicklung voraus.

Soziokulturelle Einflussfaktoren

Die Bevölkerung in den Ländern, in denen Star Cars aktiv ist, verzeichnet ein Durchschnittsalter von 35 Jahren. 52 % davon sind männlich. 55 % der Bevölkerung gehören der Mittelschicht an und verfügen über einen mittleren Bildungsabschluss. Die Bevölkerung und das Bewusstsein für Bildung wächst kontinuierlich. 35 % der Bevölkerung sind konservativ eingestellt und leben nach einem traditionellen Rollenverständnis.

Technologische Einflussfaktoren

Insgesamt ist der Technologieeinsatz signifikant gestiegen, um wettbewerbsfähig und effizient bleiben zu können. E-Business-Technologien, Informationssysteme und Kommunikationstechnologien haben die Transaktionsabwicklung, Kommunikation und Geschäftsprozesse revolutioniert. Der Produktlebenszyklus wird immer kürzer.

Ökologisch-geographische Einflussfaktoren

Durch eine stärkere Berichterstattung in den Medien herrscht ein steigendes Umweltbewusstsein hinsichtlich einer nachhaltigen Produktion. Das gesamte Konsumentenverhalten verschiebt sich langsam in Richtung „umweltfreundliche Güter". Neue EU-Emissions-Richtlinien verstärken die Wichtigkeit der Thematik. Die Mehrzahl der Niederlassungen von Star Cars liegt in bevölkerungsreichen Städten mit guter Infrastruktur.

Rechtliche Einflussfaktoren

Eine unterschiedliche weltweite Gesetzgebung, im Kontext von Datenschutz und Datensicherheit, erhöht die Komplexität digitaler Güter, wie beispielsweise Software global bzw. intern einzusetzen und zu vertreiben ist. Weitere Einschränkungen sowie strenge Umwelt und Verschmutzungs-Normen in europäischen, asiatischen und amerikanischen Märkten stellen nicht änderbare Einflussfaktoren dar.

Aus der PESTEL-Analyse geht klar hervor, dass rechtliche Aspekte in Bezug auf Datenschutzbestimmungen in den jeweiligen Ländern eine wichtige Rolle beim Einsatz des cloudbasierten Kollaborationssystems spielen. Außerdem geht hervor, dass technologische Aspekte, wie Verschlüsselungstechnologien von Kommunikationsdaten, wichtig sind, um präventiv gegen Industriespionage vorzugehen. Das veränderte weltweite Nutzerverhalten durch die Digitalisierung und die Nachfrage nach innovativen Kommunikationssystemen bestärkt Star Cars in seinem Bestreben sein Kommunikationssystem umzugestalten.

2.2 Markt-Potenzial, -Volumen und -Anteile

Der zu betretene Zielmarkt beschränkt sich auf das Unternehmen und dessen Mitarbeiter, da das Produkt eine Software darstellt, die in erster Linie im eigenen Unternehmen eingesetzt wird. Aus diesem Grund wird der externe Markt vorerst nicht betrachtet, da dieser keine Relevanz im "Inhouse-Marketing" besitzt. Um das Marketingkonzept nicht unnötig zu verkomplizieren, gehen wir davon aus, dass es nur maximal 1-5 Standorte pro Land des Unternehmens gibt, dem Mitarbeiter angehörig sind. In Abbildung 1 werden die Mitarbeiter pro Land veranschaulicht.

Abb. wurde aus urheberrechtlichen Gründen für die Publikation entfernt

Abbildung 1: Mitarbeiter pro Land - Star Cars

Beim Unternehmen Star Cars, das mit 280.000 Mitarbeiter in weltweit 20 Ländern vertreten ist, wird der Markt nach Ländern segmentiert. Somit wird jedes Land, mit deren Standorten und Mitarbeitern, als Teilmarkt betrachtet.

Die Mitarbeiter im Unternehmen kommunizieren bereits durch verschiedene Applikationen via E-Mail, Chat, Telefon und Videotelefonie miteinander. Ausgehend von dem betrachteten Gesamtmarkt und deren Teilmärkten sind die bereits eingesetzten Technologien und Applikationen als Konkurrenten der einzuführenden Applikation zu betrachten. Der externe Markt an Softwareanbietern, beispielsweise von IBM, wird nicht dargestellt, da es jedem Mitarbeiter durch bestehende IT-Compliance Richtlinien untersagt ist, individuelle Software ohne Zustimmung der Abteilungsleitung zu nutzen.

Abb. wurde aus urheberrechtlichen Gründen für die Publikation entfernt

Abbildung 2: detaillierter Produktvergleich

Aus Abbildung 2 geht hervor, dass die Timing-App, mindestens genauso viel Sicherheit und administrative Funktionen bietet, wie die anderen Applikationen, die im Unternehmen eingesetzt werden. Durch die semantische Komponente hebt sich dich Timing-App deutlich von den Konkurrenten ab und stellt somit ein Alleinstellungsmerkmal dar. Mitarbeiter werden in der Kommunikation mit anderen Mitarbeitern unterstützt und sparen viel Arbeitsaufwand, was wiederum zur Folge hat, dass kosteneffizienter gearbeitet wird.

2.3 SWOT-Analyse

Im Folgenden wurden Stärken, Schwächen, Chancen und Gefahren mittels einer SWOT-Analyse herausgearbeitet.

- **Stärken-Chancen-Kombination:** Schnellere, qualitative Kollaboration (→ Usability und Wettbewerbsvorteil), Als kommerzielle Lösungen außerhalb des eigenen Unternehmens (→ neue Absatzmöglichkeit)

- **Stärken-Gefahren-Kombination:** Semantische Repräsentation (Schnelllebigkeit digitaler Güter) vs. Finanzielle Sicherheit (→ Budget gut planen), um evtl. hohe Finanzielle Verluste zu vermeiden, Eigene Weiterentwicklung von Google vs. gute Google Entwickler Community (→ SW-Dienstleister mit viel Erfahrung)

- **Schwächen-Chancen-Kombination:** Keine eigenen Google-Entwickler bzw. Know-how in Google Technologie vs. gute Google Entwickler Community (→ Chance: Von der schnellen Entwicklung profitieren und Know-how extern beziehen)

- **Schwächen-Gefahren-Kombination:** Keine eigenen Entwickler vs. Flop semantischer Repräsentation (→ Technologie-Entwicklung im Auge behalten) Keine eigenen Entwickler vs. eigene Weiterentwicklung von Google (→ SW-Dienstleister mit Google Know-how engagieren)

Das Ergebnis der SWOT-Analyse zeigt mehrere Chancen auf. Eine entscheidende Chance ist es Zeit beim Kommunizieren mit dem cloudbasierten Kollaborationssystem zu sparen. Außerdem wird die Qualität der Konversation durch das intelligente und automatische Vorschlagen von Dokumenten verbessert, was wiederum ein Wettbewerbsvorteil ist. Als große Gefahr ist der Mangel an Google-Entwicklern im Unternehmen sowie die am externen Markt befindlichen Entwicklungen zu nennen. Um weitere Erkenntnisse über die Situation von Star Cars zu erlangen, wurde das 7S-Modell von McKinsey angewendet.

2.4 7S-Modell von McKinsey

Die harten S'	
Strategie	Star Cars will im Automobil- und Technologie-Markt Innovationsführer und Qualitätsführer werden. Dies soll durch den Einsatz von Lean Management, Bündelung von Kompetenzen, Verbesserung der Qualitätsmanagementsysteme und Innovationen erreicht werden
Struktur	Star Cars ist funktional nach dem Einliniensystem organisiert und verfügt über drei Führungsebenen mit zusätzlichen Stabsstellen auf Höhe der SGE. Alle Niederlassungen sind in Ländern mit einer guten Infrastruktur ansässig.
Systeme	Star Cars ist nach ISO 9001 zertifiziert und hat tausende Informationssysteme(ERP, Data Warehouse, Business-Intelligence-Tools, CRM etc.) im Einsatz, die die ganze Organisation unterstützen und mit Informationen versorgen.
Die weichen S'	
Style/Kultur-Unternehmenskultur	Die Unternehmenskultur von Star Cars ist einzigartig. Die Mitarbeiter sind Stolz ein Teil von Star Cars zu sein. Kundenorientierung und Nachhaltigkeit sind das oberste Gebot des Unternehmens. Respekt, Vertrauen und Fairness bestimmen das zwischenmenschliche Arbeitsleben.
Stammpersonal	Star Cars verfügt über die am besten ausgebildeten Facharbeiter, Führungskräfte und Experten auf dem Automobil- und Technologie-Markt.
Spezialfähigkeiten-Kernkompetenzen	Star Cars meldete im Jahr 2016 im Schnitt 15 Patente pro Tag an und besitzt Kernkompetenzen bei intelligenten Antrieben.
Selbstverständnis-	Star Cars hat die Vision alle Menschen auf der Welt mit

Unternehmensvision	nachhaltigen und innovativen Erfindungen in ihrem Alltag und im Automobilbau zu versorgen.

Tabelle 1: Bedeutung der 7 S

Das 7S-Modell nach McKinsey beschreibt das Unternehmen Star Cars auf abstraktem Niveau mittels sieben Kernvariablen. Für die erfolgreiche Entwicklung des cloudbasierten Kollaborationssystems sind die Spezialfähigkeiten des SW-Dienstleisters fundamental. Außerdem sind für das Erreichen einer hohen Nutzungsquote die interne Unternehmenskultur, Kommunikationspolitik der Führungsriege und die Infrastruktur von hoher Bedeutung.

3. Marketing-Ziele

Das Ziel dieses Marketingkonzeptes ist es in dem zuvor definierten Gesamtmarkt die Timing-App zu positionieren und zu vermarkten. In diesem Kapitel werden qualitative, quantitative, sowie die Fundamentalziele bzw. Unternehmensziele und deren Vereinbarkeit mit den Marketingzielen dargelegt. Als letztes werden Marketingziel-Phasen terminiert.

3.1 Qualitative Ziele

Im Folgenden werden die qualitativen Ziele genauer erläutert:

- **Akzeptanz des Kollaborationssystems (MZ1):** Das Image von Timing steht für "effizienteres Arbeiten, das Spaß macht ". Das positive Image der App und der damit verbindlich wahrgenommene Mehrwert, soll innerhalb des Zeitraums von 12 Monaten, wöchentlich in Form von Feedbackschleifen, digital über ein Formular im Intranet ermittelt werden. Die Mitarbeiter können dadurch Meinungen zum Look & Feel, der Usability oder der eigenen Erfahrungen mit der Software geben. Dadurch kann dieses Marketingziel gemessen werden. Das Ziel gilt als erfüllt, wenn 75 bis 80 % der Befragten mit unserem Kollaborationssystem zufrieden sind. Zudem gehen wir davon aus, dass wir bezüglich der Timing-App 5 bis 7 % Verbesserungsvorschläge erhalten.

- **Internationalisierung (MZ2):** Da sich die Marktsegmente und die darin enthaltenen Zielgruppen lingual, geografisch und kulturell massiv unterscheiden, ist auf eine Synchronisation des Angebots hinsichtlich, der Sprache, der Markenbotschaft (siehe MZ1) und den Nutzergewohnheiten zu achten. Daher ist es Voraussetzung, dass die Applikation kostenlos von einer Landing-Page im Intranet der Star Cars AG heruntergeladen werden kann. Zudem sollten auf der Downloadseite Informationen zur Nutzung (z.B. Bedienungsanleitung, Tutorials, Erklärvideos etc.), ein FAQ-Bereich (durch ein Self-Help-Forum und ein Umfrageformular) sowie die Kontaktdaten zum IT-Support (durch Hotline und Eingabeformular für schriftliche Problembeschreibung (Ticketsystem)) angeboten werden.

- **Steigerung der Effektivität (MZ3):** Performance, Übertragungsqualität, Ausfallrisiko und permanente Erreichbarkeit sowie Nutzung des Services ist für die wahrgenommene Qualität der Timing-App unverzichtbar. Zudem muss die

Applikation auf eine gewisse Konvergenz der gängigen Endgeräte, wie Smartphone, Tablet, Desktop Computer und verschiedenen Browsern, ohne Einschränkungen lauffähig sein. Wenn diese Werte in einem Zeitraum von 120 Tagen von den Nutzern wahrgenommen werden, fördert dies auch das Image der Applikation (MZ1).

- **Steigerung Mitarbeiterzufriedenheit (MZ4):** Das quantitative Ziel besteht darin, dass die Timing-App möglichst oft bei jeder Projektkommunikation verwendet wird und sich eine breite Nutzergemeinde etabliert. Ziel ist es 70 bis 85 % des Segments "der tatsächlichen Nutzer" in einem Zeitraum von 120 Tagen zu erreichen. Die Timing-App soll einheitlich für die Projektkommunikation des Unternehmens genutzt werden. Die Mitarbeiterzufriedenheit soll durch eine erfolgreiche Zusammenarbeit erhöht werden. Oft entsteht ein Frust, wenn Prozesse nicht korrekt durchlaufen und Dokumente nicht aufgefunden werden können. Durch die Timing-App soll dieser Frust abgebaut und die Mitarbeiterzufriedenheit somit gesteigert werden.

- **Einsatz Innovativer Technologien und Konzepte (MZ5):** Das Unternehmen erhebt den Anspruch als Technologie- und Innovationsführer zu gelten. Durch den Einsatz innovativer Technologien und Konzepte, wird dieser Anspruch erfüllt und weiter vorangetrieben. Hierzu zählen die Cloud-Architektur, semantische Features und weitere Technologien, die in der Timing-App Anklang finden.

- **Vorantreiben der Digitalisierung (MZ6):** Der Vorantrieb der Digitalisierung gilt als ein hohes Unternehmensziel. Durch den Einsatz eines solch modernen und innovativen Kollaborationssystems, wird dieses Unternehmensziel weiter vorangebracht. So stehen zukünftig viel mehr Dokumente in digitaler Form bereit und können in nie da gewesener Form für die Kollaboration verwendet werden. Außerdem sind diese Dokumente mit weitreichenden Metadaten ausgestattet, mit denen viel mehr Informationen, wie beispielsweise der Autor, das Erstelldatum etc., über einzelne Dokumente zur Verfügung stehen.

3.2 Quantitative Ziele

Im Folgenden werden die quantitativen Ziele erläutert:

- **Externe, kommerzielle Lösung (MZ7):** Nach erfolgreicher Implementierung in das Tages- und Projektgeschäft des Unternehmens, ist es denkbar die Timing-App anderen Unternehmen als kommerzielle Lösung anzubieten, da der Markt für Kollaborationslösung eine hohes Umsatz- und Marktpotenzial aufweist.

Beispielsweise generiert das Unternehmen Cisco Systems Inc. weltweit 45 Milliarden US Dollar an Umsatz [4]. Weiterhin beträgt das Marktpotenzial in den "DACH"-Regionen etwa eine halbe Milliarden Euro [5]. Wir gehen davon aus im ersten Geschäftsjahr 1,0 bis 2,6 % Marktanteile des "DACH"-Markts zu gewinnen.

- **Kostensenkung (MZ8):** In Projekten entfällt ein bestimmter Anteil der Projektkosten auf das Projektmanagement. In einem Konzern mit vielen hunderten Projekten jährlich, sind die Projektmanagement kosten enorm. Durch die Zeitersparnis, die durch das neue Kollaborationssystem geboten ist, entstehen enorme Ersparnisse für das Unternehmen.

3.3 Fundamentalziele und Marketingziele

In der Literatur [1] wird vorgeschlagen die Fundamentalziele, also die Unternehmensziele, zu identifizieren. Sind diese erst festgestellt, lassen sich spezifische Marketingziele für das Kollaborationssystems ableiten. Durch dieses Vorgehen kann sichergestellt werden, dass die Fundamentalziele auf der einen und die spezifischen Marketingziele der Kollaborationsplattform auf der anderen Seite nicht miteinander kollidieren und Widersprüche aufwerfen. Die abgeleiteten Marketingziele stehen in harmonischer Beziehung zu den Fundamentalzielen des gesamten Unternehmens und können in zwei Klassen unterteilt werden. Die erste Klasse steht für weiche Faktoren, also Marketingziele, deren Zielerreichung nicht messbar ist. Die zweite Klasse steht für harte Faktoren, anhand derer die Zielerreichung der Marketingziele gemessen werden kann.

Festlegung von Marketingzielen		
Fundamentalziele	abgeleitete Marketingziele	
	Weiche Ziele	Harte Ziele
Stärkung des Kerngeschäfts	-	-
Image stärken durch höhere Qualität	-	-
Corporate Identity (Erscheinungsbild)	-	externe, kommerzielle Lösung

Technologie- und Innovationsführerschaft	Einsatz Innovativer Technologien und Konzepte	-
Kunden- und Mitarbeiterzufriedenheit	Internationalisierung, Steigerung der Effektivität	Akzeptanz des Kollaborationssystems, Steigerung Mitarbeiterzufriedenheit
Nachhaltiges und profitables Wachstum	-	Kostensenkung (Projektkosten)
Digitalisierung	Vorantreiben der Digitalisierung	-

Tabelle 2: Marketing-Ziele

3.4 Überprüfung der Zielerreichung

Nach dem Go-Live des Kollaborationssystems wird die Zielerreichung über die harten Faktoren überprüft:

- **Externe, kommerzielle Lösung:** Wie bereits beschrieben, wird angenommen, dass 1,0 bis 2,6 % Marktanteile des "DACH"-Markts erobert werden können. Bei einem Marktpotenzial von einer halben Milliarde Euro entspricht das 5 bis 13 Millionen Euro.

- **Akzeptanz des Kollaborationssystems:** Ausgehend von dem Absatzpotenzial der 280.000 Mitarbeiter des Unternehmen entspricht das Absatzvolumen etwa 80 % [3] der Mitarbeiter. Die Erreichung von 224.000 Mitarbeitern wird durch SharePoint-Umfragen und durch die Messung der Systemauslastung der Timin-App überprüft werden.

- **Steigerung der Mitarbeiterzufriedenheit:** Die Mitarbeiterzufriedenheit wird ebenfalls durch eine SharePoint-Umfrage ermittelt. Hierbei wird die Mitarbeiterzufriedenheit anhand von Standard-Kriterien, mit Bezug auf die effizientere Arbeitsverrichtung durch das neue Kollaborationssystem, ermittelt.

- **Kostensenkung (Projektkosten):** Um das Kostensenkungspotenzial der Timing-App zu demonstrieren, wird ein Fallbeispiel aufgezeigt. Nachfolgend werden die Richtwerte für Projektmanagement-Kosten aufgeführt:

Projektmanagement-Kosten (Richtwerte) [6]		
Anteil Projektmanagement-Kosten (in %)	Projektgröße	Projekt-Budget (in €)
8	Kleinprojekte	250.000
4	Mittelprojekte	2.500.000
2	Großprojekte	50.000.000

Tabelle 3: Richtwerte

3.4.1 Ökonomisches Fallbeispiel: Kostensenkung

Abb. wurde aus urheberrechtlichen Gründen für die Publikation entfernt

Abbildung 3: Fallbeispiel Kostensenkung

Abbildung 3 zeigt ein Fallbeispiel, wie die Projektkosten reduziert werden können. Ausgehend von einer Zeitersparnis von 30 % durch die Timing-App und einem mittel großen Projekt mit einem Projektbudget von 2,5 Mio. Euro, betragen die Projektmanagement-Kosten 100.000 Euro. Wenn man diese 30 % Zeitersparnis mit den Projektmanagement-Kosten multipliziert, ergibt sich eine Ersparnis von 30.000 Euro

Anschließend wird das Kostensenkungsbeispiel auf das jährliche Projektaufkommen von etwa 1.700 Projekten erweitert. Mit der Annahme, dass die durchschnittlichen Projektbudgets 2,5 Mio. Euro betragen, fallen 170 Mio. Euro Projektmanagement-Kosten an. Die Kosteneinsparung, die das Unternehmen jährlich sparen würde, beträgt in diesem Beispiel 51 Mio. Euro.

4. Marketing-Strategie

Unsere Strategie zielt auf die Qualitätsführerschaft durch die Benutzerfreundlichkeit der Timing-App und der daraus resultierenden Zeitersparnis, die ein Mitarbeiter sonst beim Suchen der richtigen Dokumente investiert. Grundlegend dienen die zuvor definierten Marketingziele als Ausgangspunkt der Marketingstrategie (siehe MZ 1-8). Das kurzfristige Ziel unseres Marketing-Vorhabens stellt die Akzeptanz, Nutzung und die Zufriedenheit der Mitarbeiter des Unternehmens dar. Mittelfristig, sollen die Nutzerzahl im Unternehmen und bei externen Partnerunternehmen wachsen und somit nachhaltig die Projektkosten senken und gleichzeitig die Effizienz in der Projektkommunikation steigern.

Das langfristige Ziel: Die Timing-App soll extern an andere Unternehmen und ggf. Privatpersonen vertrieben werden. Zudem gilt es im Unternehmen die Digitalisierung voranzutreiben und die Internationalisierung zu fördern.

4.1 Zielgruppenanalyse

Die Star Cars AG hat, wie in Kapitel 1.1 bereits erwähnt, die Segmente geografisch aufgeteilt. Ein einzelner Teilmarkt wird, durch verhaltensrelevante Muster der Projektmitarbeiter, weiter in einzelne Zielgruppen bzw. Nutzergruppen segmentiert. Somit ergeben sich folgende soziodemografischen Nutzergruppen: Interne- und externe Mitarbeiter/-innen, sowie Projekt- und Abteilungsleiter/-innen, Operative Mitarbeiter/-innen und Gäste die Konversationen nur beobachten. Zudem kann die Geschäftsleitung, in seltenen, aber dennoch nennbaren Fällen, ebenfalls zum Nutzerkreis der Timing-App gehören.

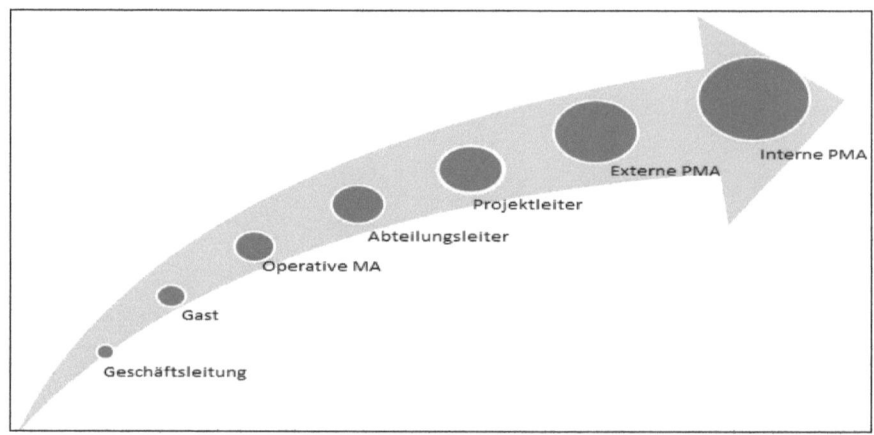

Abbildung 4: Segmente nach der Größe geordnet

Abbildung 4 zeigt die Größe der anzusprechenden Segmente auf. Das größte Teilsegment stellen die internen Projektmitarbeiter, gefolgt von den externen Mitarbeitern, dar. Ein weiteres, wichtiges Teilsegment stellt das mittlere Management dar, da diese häufig in die Projektkommunikation bei Entscheidungsrelevanten Themen involviert sind. Operative Mitarbeiter und Gäste, also stille Zuschauer ohne Interaktionsmöglichkeit, repräsentieren ein sehr kleines Segment, daher werden sie im weiteren Konzept nicht weiter berücksichtigt.

Abschließend ist das kleinste Segment, die Geschäftsleitung, zu nennen. Diese ist zwar nur selten in die Projektkommunikation involviert, dennoch ist sie sehr wichtig. Vor allem, weil das Verhalten der Geschäftsleitung meistens auf das mittlerer Management und somit auch auf die Mitarbeiter des Unternehmens hinunterprasselt. Daher ist es sehr wichtig, dass die Geschäftsleitung die Applikation als Vorbild nutzt. Abbildung 5 zeigt die Scoring-Punkte der jeweiligen Segmente auf.

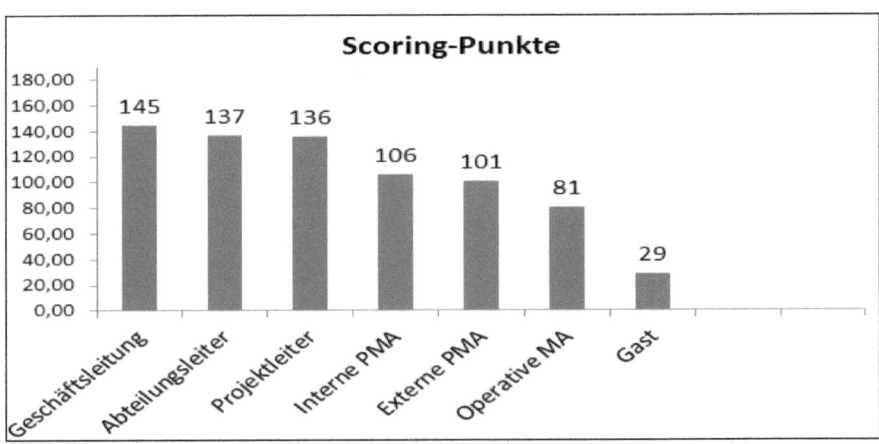

Abbildung 5: Scoring-Punkte

16

5. Marketing-Mix

5.1 Kommunikationspolitik

Um die Bekanntheit und das Nutzungsverhalten der Timing-App bei den Mitarbeitern von Star Cars zu erhöhen, wurden verschiedene Online-, Print- und Mund-zu-Mund-Kanäle gewählt, um die entsprechenden Zielgruppensegmente zu erreichen. Davor wurde die Unique Selling Proposition (USP) herausgearbeitet, das im Fall der Timing-App die semantische Repräsentation und die Geschwindigkeit der Anwendung ist. Mittels des **AIDA-Modells** werden die kommunikationspolitischen Maßnahmen stufenweise und zielgerichtet definiert.

- Die erste Stufe "**Attention**" hat zum Ziel die Aufmerksamkeit der Mitarbeiter auf die Timing-App zu fokussieren. Das kann durch E-Mails, Leuchtturmprojekte, Flyer, Plakate oder der Mitarbeiterzeitschriften umgesetzt werden.

- In der zweiten Stufe "**Interest**" soll bei den Mitarbeitern der Erstkontakt zum Produkt hergestellt werden. Das kann durch eine Landing-Page, auf der es Anwendungsvideos, ein Self-Help-Portal, die Kontaktdaten des Supports und weiteres Infomaterial zu finden gibt, umgesetzt werden.

- In der dritten Stufe "**Desire**" soll bei den Mitarbeitern der individuelle Mehrwert durch das Produkt bewusst werden. Das wird durch nutzerspezifische Kommunikation und einen offenen Dialog erreicht.

- In der vierten Stufe "**Action**" sollen die Mitarbeiter die Wichtigkeit der Anwendung selber im Unternehmen kommunizieren und vorantreiben. Das wird erreicht, indem neue Ideen und Lösungen eingebracht werden und ein Support bereitstellt wird.

Quantitative Kontrollinstrumente, wie beispielsweise die Teilnehmeranzahl bei Schulungen und die Anzahl von Rückfragen beim Support, helfen die Kommunikationsstrategie zu überwachen. Außerdem ergänzen quantitative Kontrollinstrumente, wie ein direktes Feedback und ein Online-Fragebogen die Überprüfbarkeit.

5.2 Preispolitik

Die Timing-App, ist eine Software-Komponente die auf dem Kommunikationsdienst Google Hangouts basiert und stellt daher ein digitales bzw. immaterielles Gut dar. Die Timing-App wird in der ersten Zielphase nur Mitarbeitern des Unternehmens Star Cars und externen Mitarbeitern, wie beispielsweise Lieferanten- und Partnerunternehmen, zur Verfügung gestellt. Timing wird den Mitarbeitern über das Intranet bereitgestellt, externen Mitarbeiter über einen Link, der es ermöglicht sich für die Nutzung zu registrieren und sich authentifizieren zu lassen. Ziel der Bereitstellung ist es Wachstumsbarrieren aus dem Weg zu räumen, um schnellstmöglich eine große Nutzergemeinde zu schaffen. Daher wird auch eine gewisse Dienstleistungskomponente, die den Nutzern bei Fragen oder zu Schulungszwecken (z.B. via Webcast) zur Verfügung steht, hinzukommen.

Die Verrechnung der Betriebskosten der Timing-App erfolgt durch einen IT-Verrechnungsschlüssel. Jede Abteilung hat ihren eigenen Verrechnungsschlüssel der Abhängig vom Nutzungsvolumen ist. IT-Kosten sind bei Star Cars Gemeinkosten und werden je nach Nutzungsumfang bzw. -volumen den jeweiligen Abteilungen in Rechnungen gestellt. Die Verrechnung der Betriebskosten wird innerbetrieblich durchgeführt. Der Gewinn für Star Cars wird durch die Kostensenkung erzielt, die durch den Einsatz der Timing-App ermöglicht wird. Die Timing-App wird zuerst unternehmensintern vertrieben und muss daher nicht gewinnbringend sein. Die Kosten für die Timing-App beschränken sich auf die Entwicklungs- und Betriebskosten.

Die Kostenstruktur für die Timing-App sieht wie folgt aus:

- **Entwicklungskosten (einmalige Aufwände) - 123.000 Euro:**
  - o Entwicklungskosten(Spezifikation, Entwurf, Implementierung, Integration und Test der Timing-App),
  - o Total Headcount: 15 Personen/30 Tage.

- **Betriebskosten (monatliche Aufwände) - 28.000 Euro:**
  - o Schulungen,
  - o Werbung,
  - o Support,
  - o Wartung
  - o und Kosten für die Cloud Infrastruktur.

5.3 Distributionspolitik

Der Direktvertrieb findet im Rahmen von Info-Mails statt, in denen die Mitarbeiter, über den Launch der neuen Timing-Applikation und dessen Funktionen informiert werden. Die Timing-App wird intern vertrieben und in einer Cloud zur Verfügung gestellt, also nicht on-Premise auf den Computern installiert. In der Info-Mail ist ein Link enthalten, der zu einem Webcast führt, welcher die Einrichtung sowie dessen Benutzung live in einem Projekt zeigt. Zudem steht in der E-Mail ein weiterer Link zum direkten Download der Applikation bereit. Ein Dritter Link in der E-Mail führt zu einem Self-Help-Forum, in dem die gängigsten Fragen zusammengefasst sind. Außerdem können die Mitarbeiter eigene Fragen zu der Applikation stellen.

Durch einen Klick auf den Download-Link gelangt der Nutzer auf die Landingpage im Intranet von Star Cars. Dort kann der Nutzer die Timing-App downloaden bzw. als Google Hangout App hinzufügen und sofort nutzen. Die Vorteile dieser Lösung sind vielfältig. Zum einen wird die Distribution sehr einfach gehalten. Der Nutzer muss sich lediglich anmelden, damit die Anwendung bedienbar ist. Durch den indirekten Vertrieb via Webcast-Schulungen, die durch die IT-Abteilung abgehalten werden, können sich die Mitarbeiter zeit- und ortsungebunden die Applikation und deren Funktionsumfang erklären lassen. Eine optionale Möglichkeit, die jedoch als zu bürokratisch und kontraproduktiv verworfen wurde, war es, ein Berechtigungsprozess zu implementieren, bei dem sich jeder Mitarbeiter zuerst bei einem Admin die Berechtigung zur Nutzung der Timing-App einholen müsste.

5.4 Produktpolitik

Die Produktpolitik für die Timing-App wurde so gestaltet, dass die aus der Unternehmensstrategie abgeleiteten Marketingstrategien bestmöglich erreicht werden. Der Marketing-Mix besteht aus einer Mischung von Offline- und Online-Aktivitäten, was sich in der Praxis als erfolgreich erwiesen hat. Bei der Timing-App wird eine Produktentwicklungsstrategie verfolgt. Konkret bedeutet das, dass im Unternehmen Star Cars ein neues Produkt(Timing-App) intern angeboten wird.

Im nachfolgenden werden die fünf Instrumente [8] der Produktpolitik auf unsere Timing-App detailliert angewendet:

1. Produktqualität: Die Definition der funktionalen Produkteigenschaften

Das cloudbasierte Kollaborationssystem unterstützt das Erstellen, Verwalten und Anzeigen von Dokumenten. Bei einer Konversation zwischen zwei Personen wird die Sprache live analysiert und es werden passend zur Konversation Dokumente eingeblendet. Am Ende zu jeder Konversation wird ein Protokoll erstellt.

2. Produktausstattung: Das Design des Produktes sowie die Art und das Aussehen der Verpackung

Ein Prototyp des cloudbasierte Kollaborationssystems ist in Abbildung 6 illustriert:

Abb. wurde aus urheberrechtlichen Gründen für die Publikation entfernt

Abbildung 6: Interface-Timing App

3. Produktkennzeichnung: Die Namensfindung des Produktes und die Bekanntmachung der Marke

Das cloudbasierte Kollaborationssystem trägt den Namen Timing-App. Das Wort "Timing" bezieht sich dabei auf das sofortige Einblenden von Dokumenten während einer Konversation. Das Logo des cloudbasierte Kollaborationssystems dient dazu, eine vollständige Marke aufzubauen. Damit die Marke auch einen gewissen Bekanntheitsgrad erreicht, werden interne Kommunikationsmaßnahmen angepasst, um einen offenen Dialog mit den Mitarbeitern anzuregen. Schulungen von Mitarbeitern sowie das Bereitstellen von Informationsmaterial sind weitere geplante Maßnahmen. Das Feedback der Mitarbeiter wird in einer Online-Umfrage festgehalten. In Abbildung 7 ist das Logo der Timing-App zu sehen.

Abbildung 7: Logo der Timing-App

4. Programm- und Sortimentsentscheidung: Die Entscheidung verschiedener Varianten bzw. Produktlinien

Die Timing-App ist von der Priorität her ein internes Tool, weshalb es auch keine verschiedenen Produktlinien gibt. Eine Weiterentwicklung der Timing-App ist in später Zukunft vorgesehen, um das Produkt auch extern zu vertreiben.

5. Service- und Dienstleistungen: Der Support und die Installationsanleitung

Für die Timing-App gibt es ein rundum Support. Video-Tutorials und FAQ im Intranet ergänzen die Servicedienstleistungen. Jeder Mitarbeiter bekommt ein Benutzerhandbuch, in dem die Basisfunktionen erklärt werden.

6. Fazit und Ausblick

Das Fazit aus dem Marketing-Konzept ist die Auseinandersetzung mit relevanten Themen aus dem Bereich Marketing und den Besonderheiten bei digitalen Gütern. Die größten Unterschiede zwischen herkömmlichem Marketing-Themen und dem auf digitale Güter angepassten Vorgehen bei der Erarbeitung des Marketing-Konzepts, war das Thema Situationsanalyse. Hierbei waren die Methoden, die bei der Situationsanalyse häufig Verwendung finden, den Besonderheiten von digitalen Gütern anzupassen. Vor allem müssen viele Daten erhoben werden, um entsprechende Werte und Kennzahlen bestimmen zu können.

Eine Herausforderung stellt die Aufstellung von geeigneten und erfüllbaren Marketing-Zielen dar. Einen sehr interessanten Teil stellt die Überprüfung der Zielerreichung dar. Die Zielerreichung kann durch Messungen und oft durch Umfragen überprüft werden.

Die Timing-App wird intern an die Mitarbeiter verteilt. Die Erreichung der definierten Marketing-Ziele wird durch die beschriebenen Umfragen und Messungen überprüft. Bei Erreichung der vorgegebenen Ziele wird die Timing-App externe und kommerzielle Angeboten. Hierzu müsste die IT-Architektur der Timing-App teilweise für den kommerziellen Vertrieb erweitert und mit Schnittstellen für externe Unternehmen ergänzt werden.

Wenn der Erfolg in des internen Roll-Outs so hoch sein sollte, könnte die Timing-App extern als Software-Dienstleistung angeboten werden. In diesem Fall muss das Marketing-Konzept noch detaillierter ausgearbeitet werden.

Sollte der externe, kommerzielle Vertrieb der Timing-App enormen Erfolg verzeichnen, könnte das Kollaborationssystem weiter ausgebaut werden und für ein stärkeres Unternehmenswachstum sorgen.

Literatur- und Quellenverzeichnis

[1]	Herbst, U.; Voeth, M.: Marketing-Management: Grundlagen, Umsetzung und Konzeption, Aufl. Stuttgart, Schäffer-Poeschel Verlag, 2013.
[2]	Gartner Magic Quadrant 2015, 2015 Magic Quadrant for Social Software in the Workplace, 2015.
[3]	Nutzeranzahl SharePoint, http://blog.wiwo.de/look-at-it/2016/07/05/sharepoint-nutzung-in-deutschland-intranet-top-cloud-flop-und-50-prozent-shelfware/, Aufruf: 04.01.2017.
[4]	Marktpotenzial Cisco, http://www.zdnet.de/41556014/cisco-kauft-kollaborationsspezialisten-versly/, Aufruf: 04.01.2017.
[5]	Marktvolumen für ECM-Software, http://www.pentadoc-radar.com/files/woocommerce_uploads/2015/09/ECM-Marktpotentialanalyse_2011.pdf, Aufruf: 04.01.2017.
[6]	Kostenbestandteile des Projektmanagement, Manfred Burghardt, 2000, http://pm-blog.com/wp-content/uploads/2007/11/was_kostet_pm.pdf, Aufruf: 04.01.2017.
[7]	Johanna Häfke-Schönthaler, Rupert Hasenzagl, Ferry Stocker: Wirtschaftsberatung in Österreich, Markt und Branche, Struktur und Entwicklungen 2007/2008, Facultas Verlags- und Buchhandels AG, Wien, 2008.
[8]	Meyer, Susanna: Produkthaptik: Messung, Gestaltung und Wirkung aus verhaltenswissenschaftlicher Sicht. 1. Aufl., Springer-Verlag, 2013.